Vamos brincar?

Vamos brincar?

Como desenvolver o bebê com brincadeiras
diárias em seu primeiro ano de vida

Fabiana Arantes de Araújo Mendes
Liubiana Arantes de Araújo

Copyright © Editora Manole Ltda., 2019, por meio de contrato com a Sociedade Brasileira de Pediatria (SBP).

Logotipo: © Sociedade Brasileira de Pediatria

Editora gestora: Sônia Midori Fujiyoshi
Editora: Eliane Usui
Capa: Rubens Lima
Ilustrações: Sérgio Píres
Projeto gráfico: Departamento de Arte da Editora Manole
Editoração eletrônica: Luargraf Serviços Gráficos

CIP-BRASIL. CATALOGAÇÃO NA PUBLICAÇÃO
SINDICATO NACIONAL DOS EDITORES DE LIVROS, RJ

M491v

    Mendes, Fabiana Arantes de Araújo
       Vamos brincar? : como desenvolver o bebê com brincadeiras diárias em seu primeiro ano de vida / Fabiana Arantes de Araújo Mendes, Liubiana Arantes de Araújo. - 1. ed. - Barueri [SP] : Manole, 2019.
       : il.

    ISBN 9788520458419

    1. Lactentes - Desenvolvimento. 2. Educação infantil. 3. Brincadeiras - Aspectos psicológicos. 4. Psicologia da primeira infância. 5. Psicologia da aprendizagem. I. Araújo, Liubiana Arantes de. II. Título.

19-55404   CDD: 153.150832
                                                          CDU: 159.922-053.3

Vanessa Mafra Xavier Salgado - Bibliotecária - CRB-7/6644

Todos os direitos reservados.
Nenhuma parte deste livro poderá ser reproduzida, por qualquer processo, sem a permissão expressa dos editores.
É proibida a reprodução por xerox.

A Editora Manole é filiada à ABDR – Associação Brasileira de Direitos Reprográficos.

1ª edição – 2019; 1ª reimpressão – 2020

Editora Manole Ltda.
Avenida Ceci, 672 – Tamboré
06460-120 – Barueri – SP – Brasil
Tel.: (11) 4196-6000
www.manole.com.br
https://atendimento.manole.com.br/

Impresso no Brasil | *Printed in Brazil*

O máximo de maturidade que um homem pode atingir é quando ele tem a seriedade que têm as crianças quando brincam.
                                    Nietzsche

Durante o processo de edição desta obra, foram tomados todos os cuidados para assegurar a publicação de informações precisas e de práticas geralmente aceitas. Do mesmo modo, foram empregados todos os esforços para garantir a autorização das imagens aqui reproduzidas. Caso algum autor sinta-se prejudicado, favor entrar em contato com a editora. Os autores e os editores eximem-se da responsabilidade por quaisquer erros ou omissões ou por quaisquer consequências decorrentes da aplicação das informações presentes nesta obra. É responsabilidade do profissional, com base em sua experiência e conhecimento, determinar a aplicabilidade das informações em cada situação.

Definições de criança e brincar

- **Criança:** vem do latim *creare*, "produzir, erguer", relacionado a *crescere*, "crescer, aumentar", do indo-europeu *ker-*, "crescer".
- **Brincar:** etimologicamente, vem do latim e tem como radical a palavra "brinco", que significa, em sua raiz morfológica, *vinculu/vinculum*.

SOBRE AS AUTORAS

Fabiana Arantes de Araújo Mendes
Pediatra Geral e atual Presidente dos Departamentos Científicos de Pediatria do Desenvolvimento e de Saúde Escolar da Sociedade de Pediatria do Distrito Federal (SPDF). Graduada em Medicina pela Universidade Federal de Minas Gerais (UFMG), especializada em Pediatria. É médica concursada no Distrito Federal e atua no Hospital Materno Infantil de Brasília (HMIB) e em consultório particular. Idealizadora do projeto Bem Pediátrico nas redes sociais. Juntamente com Magno Veras, escreveu o livro *Guia Completo da Alergia às Proteínas do Leite de Vaca*. Esposa e mãe do Daniel e da Sofia, é apaixonada pela infância e pelo bem-estar geral.

Liubiana Arantes de Araújo
Ph.D. e atual Presidente do Departamento Científico de Pediatria do Desenvolvimento da Sociedade Brasileira de Pediatria (SBP). Graduada em Medicina pela Universidade Federal de Minas Gerais (UFMG), especializada em Pediatria e Neuropediatria. Possui mestrado e doutorado em Neuropediatria e realizou parte de seu doutorado na Harvard Medical School, aprofundando-se em Neurociência e Neuromodulação. É professora efetiva da Faculdade de Medicina da UFMG e coordenadora da Clínica de Neurodesenvolvimento BoraBrincar em Minas Gerais. Possui vá-

rias publicações científicas na área de Neurologia Infantil relacionadas com o neurodesenvolvimento das crianças. Esposa e mãe de três crianças, tem se dedicado a estudar e partilhar os conhecimentos científicos de publicações recentes para otimizar o desenvolvimento das crianças do Brasil, com consequente formação de adultos bem-sucedidos profissional, pessoal e emocionalmente!

SUMÁRIO

Prefácio XIII
Introdução XVII

Primeiro mês 1
Segundo mês 7
Terceiro mês 13
Quarto mês 19
Quinto mês 25
Sexto mês 31
Sétimo mês 37
Oitavo mês 43
Nono mês 49
Décimo mês 55
Décimo primeiro mês 61
Décimo segundo mês 67

Conclusão 73
Referências bibliográficas 75

PREFÁCIO

A notícia da concepção de um filho e a posterior tomada de consciência fazem com que nossa vida nunca mais seja a mesma. Nossos sonhos, os rumos de nossos projetos e nosso sentido existencial são afetados com a concepção, a gestação e, mais ainda, com o nascimento do futuro bebê.

Talvez seja pelo fato de que dentre todas as espécies, os bebês humanos são os que mais tempo levam para atingir a autonomia motora e o amadurecimento neurológico, pois o cérebro continua em amplo desenvolvimento após o nascimento. E mais, o neurodesenvolvimento, ou seja, a construção da estrutura da arquitetura do cérebro, nos primeiros anos, é mais efetivo do que em qualquer outra etapa da vida através da ativação de centenas de sinapses por segundo.

Ainda, segundo os estudos das neurociências, outras duas características neurológicas provocam transformações em nós com a chegada dos bebês: o cérebro dos adultos está programado para sensibilizar-se e dedicar cuidados aos bebês, inclusive aos de outras espécies (não é por acaso que geralmente gostamos tanto de filhotinhos de cães ou gatos). Por sua vez, os bebês humanos naturalmente desenvolvem apego seguro em relação aos adultos que lhes dedicam cuidados. Isso porque estão programados neurobiologicamente para a procura de afeto, prazer e evitação da dor, visto que esses comportamentos garantem maiores possibilidades adaptativas para a sobrevivência.

Portanto, a ciência destaca que o cérebro dos bebês é programado pela genética e que há a continuidade do desenvolvimento do mesmo após o nascimento, sendo sua construção sensível e afetada pelas influências do ambiente, por meio das experiências e das relações de afeto exercidas principalmente pelos pais e cuidadores mais próximos, sejam elas positivas ou negativas.

Neste conjunto de perspectivas e ansiosos por desvelar parte dos mistérios do cérebro humano, em especial o dos bebês, temos aprendido, do ponto de vista das neurociências, algo emocionante: não há nada mais sofisticado para o desenvolvimento infantil do que relações humanas que promovam conexões e trocas positivas de amor genuíno de forma bidirecional, em inglês, "*serve and return*". E aqui está o mais importante: essas relações, conexões e trocas atingem seu potencial ótimo através das brincadeiras!

Portanto, quando intencionalmente proporcionamos experiências diárias, através de relações humanas de conexões e trocas de afeto e amor genuíno com os bebês, por meio do brincar, estamos estimulando a aquisição de habilidades pela via do aprendizado prazeroso, possibilitando a construção da base da arquitetura neuronal de forma excelente, robusta e duradoura!

A construção desse alicerce forte no cérebro dos bebês, por meio das brincadeiras nos primeiros anos de vida, é base efetiva para um adulto bem-sucedido, saudável, maduro emocional e cognitivamente, possibilitando melhor desempenho acadêmico, no trabalho, capaz de estabelecer relações estáveis e educar de forma assertiva seus filhos futuramente.

Neste livro, *Vamos brincar? Como desenvolver o bebê com brincadeiras diárias em seu primeiro ano de vida*, as autoras direcionam pais, profissionais e cuidadores de bebês de forma simples, clara, prática e precisa, através das orientações de brincadeiras diárias no primeiro ano de vida, com o anseio de promover o neurodesenvolvimento de nossos bebês. As autoras, por meio do amor e da ciência, transmitem a mensagem de que o brincar é a linguagem universal de todas as crianças! Portanto, ao redor do mundo todo, podemos promover o melhor desenvolvimento, conectar com coração, tocar a alma e construir o cérebro dos bebês pelas brincadeiras.

Irmãs, esposas, mães, médicas e pediatras, elas, ecoando o escritor Goethe, afirmam que *"só é possível ensinar uma criança a amar, amando-a"*! E ainda que essa lição ensina-se e aprende-se melhor brincando! Então vamos brincar!

Desde a concepção, todo filho traz o mistério e a missão de desenvolver seus pais.

São eles quem nos desenvolvem quando nos ocupamos em estimular seu desenvolvimento.

São eles quem nos fazem aprender quando desejamos ensinar-lhes algo.

São eles quem nos educam e nos fazem melhores.

São eles quem nos fazem sentirmos amados antes de que os amemos!

São eles quem nos abençoam antes do nosso primeiro: "Deus te abençoe, filho"!

As brincadeiras de cada dia ajudam-nos na conexão, entendimento e realização da missão nossa e deles... Mas são eles que brincam primeiro!

Gratidão aos meus filhos e parceiros de brincadeiras, Renato, Lara e Lis.

Espero que este livro auxilie você no seu desenvolvimento e no de seu bebê.

Boa leitura! Boa brincadeira!

Cássio Frederico Veloso, psicólogo infantil

INTRODUÇÃO

A ideia deste livro é partilhar com as famílias e os cuidadores conhecimentos sobre como podemos otimizar o desenvolvimento do cérebro da criança de forma prazerosa e feliz. As atividades foram organizadas por idade e em dias da semana, a fim de auxiliar as famílias na criação de uma rotina, mas todas são bem-vindas em outros momentos do dia a dia! As atividades propostas baseiam-se nos pilares da Neurociência. Os conhecimentos atuais abrem novos horizontes, uma vez que nos ensinam que o cérebro da criança pequena encontra-se em pleno desenvolvimento e ávido para moldar-se cada vez mais. É no primeiro ano de vida que o crescimento do cérebro e a formação das conexões entre as diferentes regiões dele estão na etapa mais acelerada. É também nessa fase que muitas janelas de oportunidades estão abertas e, portanto, devemos preenchê-las com estímulos saudáveis e adequados. As conexões que não são ativadas são perdidas e as que são trabalhadas tornam-se mais fortes e duradouras. Esse pequeno-grande cérebro aprende mais e mais se lhe forem oferecidos estímulos relacionados ao prazer, o que, nessa etapa de vida, chama-se brincadeira! Cada sugestão de brincadeira vai ter como objetivo potencializar as habilidades do cérebro da criança e criar momentos de prazer para todos os envolvidos.

PRIMEIRO MÊS

Orientações gerais
- Sempre converse com o bebê.
- Faça movimentos suaves (durante as atividades, a troca de fraldas, o banho).
- Leia livros para o bebê diariamente.

Segunda-feira

Materiais/ambiente
- Não há necessidade de materiais.

Descrição
- Cante para o bebê as canções de sua infância e as de que você gosta atualmente.

Objetivos
- Estimular a audição e a linguagem.

Desenvolvimento/observações
- O bebê reage aos sons desde a vida intrauterina. Os estímulos sonoros o ajudam a entrar em contato com o ambiente. Quando os pais (as pessoas cujas vozes ele mais ouviu durante o período da gestação) cantam para o bebê, aumenta no cérebro dele a percepção sonora, ele se acalma, os vínculos se estreitam, além de ser estimulada a área da linguagem.

Terça-feira

Materiais/ambiente
- Não há necessidade de materiais.

Descrição
- Repita os pequenos sons do bebê. Coloque-o na sua frente e movimente sua cabeça lentamente, para que ele possa acompanhar o movimento. Sorria enquanto se movimenta.

Objetivos
- Estimular a audição e a fala.

Desenvolvimento/observações
- Incentivar o bebê a se expressar, mesmo com sons que não são inteligíveis, o ajuda a iniciar a compreensão de que o som pode ser uma forma de comunicação. Além disso, outras funções cerebrais estão sendo trabalhadas, como a interação social, fixar o olhar, a atenção e a visão.

Quarta-feira

Materiais/ambiente
- Não há necessidade de materiais.

Descrição
- Repita os pequenos gestos faciais do bebê e faça outros simples para que ele repita: abra a boca devagar ou coloque a língua para fora. Aguarde o bebê prestar atenção e tentar imitar o gesto.

Objetivos
- Estimular a linguagem e a motricidade facial.

Desenvolvimento/observações
- O recém-nascido tem desde os primeiros dias de vida a capacidade de imitar expressões simples de outra pessoa, como abrir a boca ou colocar a língua para fora. Estimular essa função desenvolve a interação social, incentiva a criança a se expressar e trabalha o controle motor da musculatura facial.

Quinta-feira

Materiais/ambiente
- Livro de histórias.

Descrição
- Leia histórias de livros com texturas e passe as mãozinhas e os pezinhos do bebê nessas texturas. Mostre as figuras dos livros coloridos para o bebê, mudando a entonação da voz de acordo com o texto.

Objetivos
- Estimular a audição.

Desenvolvimento/observações
- A leitura diária de livros preferencialmente pequenos com imagens que o bebê seja capaz de distinguir (aquelas em preto e branco ou amarelo e preto) pode aumentar a percepção sonora, a linguagem compreendida e falada e a capacidade de acalmar-se e estreitar os vínculos.

Sexta-feira

Materiais/ambiente
- Objetos com texturas diferentes.

Descrição
- Coloque o bebê de bruços e faça movimentos de toque suaves e lentos em suas costas. Sempre conversando!
- Estimulação sensorial tátil: estimule a pele do bebê com objetos de diferentes texturas, de forma lenta e suave, correndo os objetos ao longo do corpinho, como nos braços, nas palmas das mãos, pernas e pés. Tente diversificar, usando instrumentos como pincel de maquiagem ou de barbear seco, uma escova de cabelo macia, uma bucha macia, a parte côncava de uma colher de metal, uma pena, uma bolinha de plástico.

Objetivos
- Estimular a motricidade e o equilíbrio.

Desenvolvimento/observações
- Fortalecimento de grupos musculares dorsais e do pescoço. Estimulação sensorial tátil, auxiliando a propriocepção e a capacidade de distinguir diferentes formas e texturas pelo tato.

Sábado

Materiais/ambiente
- Chocalho.

Descrição
- Agite um chocalho suavemente, ao lado da orelha do bebê, mudando de lado e observando se ele muda de atitude ou reage ao som.

Objetivos
- Estimular a audição e a linguagem.

Desenvolvimento/observações
- O bebê reage ao som com movimentos que envolvem todo o seu corpinho. Assim, a movimentação de membros superiores e inferiores logo após o estímulo do chocalho demonstra que ele está reagindo adequadamente ao estímulo. O objetivo também é de aumentar a percepção sonora, estimular a localização de sons e a diferenciação de diferentes tons.

Domingo

Materiais/ambiente
- Brinquedos ou móbiles (ou figuras de rostos humanos em preto e branco).

Descrição
- Mostre brinquedos com cores contrastantes (preto e branco ou amarelo e preto) a uma distância de 30 cm do rosto do bebê, mo-

vimentando-os lentamente para que ele possa acompanhar (no início ele vai conseguir acompanhar as faces e estímulos luminosos; depois, outros objetos).

Objetivo
- Estimular a visão.

Desenvolvimento/observações
- O bebê é capaz de enxergar, embora ainda com limitações. Por isso, os estímulos visuais bem direcionados são importantes para estimular a visão, além de trabalhar o controle do equilíbrio cervical e incentivar o foco e a atenção.

SEGUNDO MÊS

Orientações gerais
- Sempre converse com o bebê.
- Explique todos os movimentos ao bebê.
- Faça movimentos suaves (durante as atividades, a troca de fraldas, o banho).
- Faça atividades com duração de cerca de 10 minutos.
- Inicie a prática diária da massagem Shantala.

Segunda-feira

Material/ambiente
- Móbile.

Descrição
- Desde o começo, seu bebê vai ouvir e responder à sua voz. Use essa conexão para conversar com ele sobre o móbile, suas cores, o movimento, os personagens que ficam pendurados.

Objetivos
- Estimular a audição e ensinar sobre o ambiente do bebê.

Desenvolvimento/observações
- O diálogo com o seu pequeno será muito importante para estimular sua aquisição de linguagem. Mesmo que o bebê ainda não seja capaz de conversar com você, durante essa atividade ele aprende nossa língua, sobre as coisas e aos poucos vai se sentindo mais motivado a emitir alguns sons em resposta.

Terça-feira

Material/ambiente
- Chocalhos, guizos, brinquedos que emitem sons.

Descrição
- Emitir diferentes sons para que ele procure onde estão, por trás de sua cabeça, longe da sua visão, sem que ele veja o objeto que os produz. Aos dois meses ele é capaz de localizar de que lado vem o som.

Objetivos
- Estimular a audição.

Desenvolvimento/observações
- Nessa brincadeira você vai poder descobrir os sons preferidos do bebê e quais são os que mais chamam a atenção dele. Nessa atividade, seu bebê também vai aprender a focar sua atenção em um determinado estímulo, no caso, o som.

Quarta-feira

Material/ambiente
- Quarto, brinquedos luminosos ou lanterna.

Descrição
- Apague a luz do quarto e brinque com brinquedos luminosos ou uma lanterna. Você pode cantar uma música e, em um determinado momento, acender ou apagar a luz. Também pode fazer sombras de formatos diversos com as mãos.

Objetivos
- Estimular a visão, a audição e a linguagem.

Desenvolvimento/observações
- Essa brincadeira vai ajudar a fortalecer o globo ocular do seu bebê. Isso é importante para ajudá-lo a focalizar melhor os objetos e, com isso, aprender mais sobre eles.

Quinta-feira

Material/ambiente
- Quarto.

Descrição
- Coloque o bebê de bruços em cima da sua barriga e converse, cante e interaja com ele.

Objetivos
- Fortalecer a musculatura e estimular a linguagem.

Desenvolvimento/observações
- Ficar na posição de bruços é uma das atividades mais importantes para o desenvolvimento harmônico do seu bebê. Faça variações dessa posição ao longo do dia e veja de quais ele mais gosta.

Sexta-feira

Material/ambiente
- Bola de pilates.

Descrição
- Sentada em uma bola grande com o bebê no seu colo bem agarradinho, balance bem devagarzinho, de forma cadenciada, cantando para o bebê no ritmo do balanço. Tenha cautela para que ele não deslize. Outra opção é caminhar de forma cadenciada balançando o bebê no colo.

Objetivos
- Estimular o equilíbrio, a audição e linguagem.

Desenvolvimento/observações
- Balançar o seu bebê ajuda a desenvolver seu sentido responsável pelo equilíbrio. Cada vez que o corpinho do bebê se movimenta, há a necessidade de ele se ajustar no seu colo, estimulando também sua consciência corporal.

Sábado

Material/ambiente
- No banho, bucha.

Descrição
- Na hora do banho, incentive seu bebê a interagir com a água. Segure sua mãozinha e balance-a na água delicadamente. Faça isso com seu pezinho também. Use a bucha para espremer e deixar a água cair para que ele possa sentir e olhar. Lembre-se de conversar muito com ele durante essa atividade. Cantar também é sempre uma boa pedida.

Objetivos
- Estimular o tato, a audição e a linguagem.

Desenvolvimento/observações
- Ao tocar a mão do bebê na água, diga para ele o que está acontecendo: "Vamos balançar a mãozinha na água? Olha que delícia, a água quentinha na mão do bebê...".
- Além de aprender sobre as partes do corpo, o bebê vai aumentando sua consciência corporal.

Domingo

Material/ambiente
- Bebê-conforto.

Descrição
- Com o bebê no bebê-conforto, de frente para uma janela, fique em pé caminhando lentamente e conversando com ele para que o bebê acompanhe seus movimentos e seus sons. O contraste da luz no seu corpo reforça o seu contorno.

Objetivos
- Estimular a visão, a audição e a linguagem.

Desenvolvimento/observações
- Logo que nascem, os bebês já conseguem enxergar a uma distância de 30 cm. Com o passar do tempo, sua visão vai se desenvol-

vendo, mas ainda é possível observar que alguns bebês apresentam um pouco de estrabismo. Isso acontece porque seu globo ocular ainda está fraco. Essa atividade ajuda a fortalecer a musculatura dessa região.

TERCEIRO MÊS

Orientações gerais
- Mantenha as orientações do segundo mês. Agora você já pode fazer as brincadeiras por 15 minutos ou enquanto o bebê mostrar satisfação com elas.

Segunda-feira

Material/ambiente
- Brinquedos sonoros, joão-bobo ou balão.

Descrição
- Coloque a mão ou o pé do bebê ao alcance de brinquedos que emitem sons. Ele vai tocar neles e verá uma resposta do brinquedo, ativando seu senso de ação e reação. Deite o bebê de lado com um rolinho nas costas e coloque um joão-bobo ou balão na sua frente, para que ele possa balançá-los ao alcançá-los com as mãos. Prenda um balão amarrado frouxamente no pezinho dele para que ele possa observá-lo balançando ao se movimentar.

Objetivos
- Ensinar causa e efeito.

Desenvolvimento/observações
- Ao nascer, os bebês têm alguns movimentos reflexos que com o passar do tempo vão se tornando intencionais. Os espasmos do seu corpinho vão causando o efeito sonoro dos brinquedos e aos poucos eles vão entendendo essa relação.

Terça-feira

Material/ambiente
- Brinquedos leves para chacoalhar.

Descrição
- Ofereça brinquedos leves nas duas mãos do bebê para ele chacoalhar.

Objetivos
- Estimular a coordenação motora e a audição.

Desenvolvimento/observações
- Outro movimento reflexo muito presente é o de agarrar. Aproveite essa fase para colocar objetos sonoros em sua mão para que ele descubra seus sons.

Quarta-feira

Material/ambiente
- *Sling*, em casa ou ao ar livre.

Descrição
- Dance e movimente-se com o bebê suavemente.

Objetivos
- Estimular o equilíbrio.

Desenvolvimento/observações
- Experimente dançar com seu bebê no *sling*, é uma delícia!

Quinta-feira

Material/ambiente
- Almofada de amamentar ou travesseiro, brinquedinhos.

Descrição
- Coloque seu bebê de bruços em cima da almofada de amamentar em um piso protegido e macio. Apoie a almofada na barriguinha dele e deixe alguns brinquedos em volta para ele tentar manipular.

Objetivos
- Fortalecer a musculatura e estimular a coordenação motora.

Desenvolvimento/observações
- Você pode se deitar de frente para ele também. Faça caretas, cante, brinque de esconder... Essa é também uma ótima alternativa à posição de bruços.

Sexta-feira

Material/ambiente
- Mordedores ou brinquedos que possam ser levados à boca.

Descrição
- Ofereça mordedores e brinquedos para que o bebê leve até a boca.

Objetivos
- Estimular a coordenação motora.

Desenvolvimento/observações
- Além de ajudar amenizando o incômodo quando os dentinhos estão nascendo, colocar objetos na boca ajuda a dessensibilizar o tato na boca do bebê. Isso ajudará na hora da introdução alimentar, quando o bebê se deparará com as texturas dos novos alimentos.

Sábado

Material/ambiente
- Travesseiro.

Descrição
- Com seu bebê deitado de barriguinha para cima, apoiado em um travesseiro, puxe-o com as suas mãos abraçando o tórax por baixo das axilas, de forma que ele mesmo segure seu pescoço. Mantenha os seus olhos nos olhos dele com expressão alegre e serena. Você pode cantar enquanto faz a atividade.

Objetivos
- Fortalecer a coluna cervical, estimular a coordenação motora e a interação social.

Desenvolvimento/observações
- Nessa fase ele já tem equilíbrio cervical e essas atividades ajudam a fortalecer e aperfeiçoar o desenvolvimento motor.

Domingo

Material/ambiente
- Copos ou cubos coloridos de tamanhos diferentes.

Descrição
- Empilhe cubos ou copos coloridos de cores diferentes e ajude-o a derrubar a torre para que ele veja como é. Depois, comemore com palmas e recomece.

Objetivos
- Estimular a visão e a coordenação motora.

Desenvolvimento/observações
- Os bebês nascem com uma enorme curiosidade natural, eles adoram aprender! Tudo para eles é novidade, e montar e desmontar objetos com a participação deles é muito interessante.

QUARTO MÊS

Orientações gerais
- O tempo de duração das atividades pode chegar a 20 minutos. O tempo disponível e o interesse do bebê vão determinar a duração das brincadeiras (que não passa muito desse período de 20 minutos).

Segunda-feira

Material/ambiente
- Chocalhos.*

Descrição
- Coloque o chocalho nas mãos do bebê, chacoalhe e diga "Ouviu esse som? Você que fez!". Elogiar faz o bebê tentar de novo.

Objetivos
- Estimular a audição e a coordenação motora.

Desenvolvimento/observações
- A ideia é fazer com que o bebê perceba que seu movimento causa um efeito sonoro. Aos pouquinhos, seus movimentos reflexos vão se tornando intencionais e você perceberá que o seu bebê vai balançar todo objeto novo que você der para ele para descobrir se faz barulho.

Terça-feira

Material/ambiente
- Não há necessidade de materiais.

Descrição
- Ajude seu bebê a se virar: levante um braço e role o corpinho para o mesmo lado do braço esticado para cima, deixando que ele participe ativamente do movimento. Cante para ele e em um determi-

---

* Você pode fazer os chocalhos do seu bebê. Junte dois potes de plástico vazios, coloque um pouquinho de grãos (arroz, feijão ou milho) dentro e feche bem com fita adesiva colorida. Mostre para ele as etapas do processo de montagem do brinquedo.

nado momento role-o bem devagarzinho para um lado, volte e faça o mesmo para o outro lado. Repita essa brincadeira sempre que precisar trocar a fralda do bebê, já que ele precisa se deitar nesse momento. Depois você pode estimulá-lo a rolar, fazendo com que vire várias vezes, a fim de alcançar um brinquedo, por exemplo.

Objetivos
- Estimular a locomoção, o equilíbrio e fortalecer a musculatura.

Desenvolvimento/observações
- Execute o movimento completo: de barriga para cima, role o bebê até que ele fique de bruços. Lembre-se de fazer esse movimento bem devagar para não assustá-lo.

Quarta-feira

Material/ambiente
- Brinquedos leves e coloridos, de preferência feitos com material macio, com diferentes texturas para o bebê apertar e brincar.

Descrição
- Ajude o bebê a exercitar a coordenação segurando brinquedos de diferentes formas e texturas, apertando-os e passando-os de uma mão para a outra.

Objetivos
- Estimular a coordenação motora e ensinar causa e efeito.

Desenvolvimento/observações
- O bebê quer muito segurar os objetos, mas sua mãozinha ainda não "obedece" direito. Ajude seu bebê a desenvolver a coordenação motora para segurar os brinquedos com essa atividade. É muito simples e você pode fazer várias vezes por dia.

Quinta-feira

Material/ambiente
- Almofada de amamentar ou travesseiro, brinquedinhos.

Descrição
- Coloque o bebê de bruços em cima da almofada de amamentar e ofereça objetos diante de sua face para que ele tente pegar. Ofereça os brinquedos em diferentes posições: acima, abaixo, à esquerda, à direita. Incentive seu bebê a usar uma mãozinha de cada vez para tentar pegar o objeto. Você pode usar um balão ou brinquedos infláveis, que balançam quando ele os toca.

Objetivos
- Fortalecer a musculatura e estimular a coordenação motora.

Desenvolvimento/observações
- Nessa brincadeira, além de estimular a coordenação motora, estamos também fortalecendo seus membros superiores. É como se fosse um exercício. O brinquedo é oferecido de um lado, de outro, depois mais alto, mais baixo e assim por diante. Lembre-se de deixar o bebê pegar e explorar um pouco o brinquedo antes de oferecer o estímulo novamente.

Sexta-feira

Material/ambiente
- Guizo ou meias com guizo.**

** Se você for hábil em tarefas manuais, pode costurar o guizo em uma meia do bebê. Muita atenção para o caso de o guizo soltar e o bebê levá-lo à boca!

Descrição
- Com o bebê deitado de barriguinha para cima, amarre um guizo nos pezinhos do bebê para que ele ouça o barulhinho e tente pegar seus pezinhos.

Objetivos
- Fortalecer a musculatura e estimular a audição e a coordenação motora.

Desenvolvimento/observações
- Hoje em dia já há meias com guizo para venda, mas se você não encontrar, pode amarrar um guizo no tornozelo do bebê com um barbante (sem apertar muito).

Sábado

Material/ambiente
- Bola grande, edredom.

Descrição
- Coloque o bebê de bruços em cima da bola, segurando-o, com a bola apoiada no chão protegido com emborrachado ou edredom. Balance lentamente para a frente e para trás, para a direita e para a esquerda. Cante musiquinhas para ele durante essa brincadeira.

Objetivos
- Fortalecer a musculatura e estimular o equilíbrio, a audição e a linguagem.

Desenvolvimento/observações
- Verbalize os movimentos para o seu bebê. Aos poucos, ele vai aprendendo as direções. Se você não tiver uma bola, pode fazer um rolo

grande com um edredom e amarrá-lo com barbante. Lembre-se de que ele precisa ser firme para o bebê não afundar em cima dele.

Domingo

Material/ambiente
- Colher, toalhinha, escova de dentes, potes, outros objetos.

Descrição
- Ofereça diferentes objetos para seu bebê explorar, como uma colher, uma toalhinha, uma escova de dentes, um pote de plástico. Descreva para ele o tipo de material, a temperatura do objeto, sua textura, seu tamanho etc.

Objetivos
- Estimular a linguagem e o tato.

Desenvolvimento/observações
- Essa brincadeira vai fazer muito sucesso se os objetos que você oferecer não forem os brinquedos convencionais do bebê. Eles adoram novidades!

QUINTO MÊS

Orientações gerais
- O tempo de duração das atividades pode chegar a 20 minutos. O tempo disponível e o interesse do bebê vão determinar a duração das brincadeiras (que não passa muito desse período de 20 minutos).

Segunda-feira

Material/ambiente
- Brinquedos.

Descrição
- Ofereça brinquedos para que o bebê possa esticar as mãozinhas e pegá-los.

Objetivos
- Treinar a função manual, a coordenação motora, a atenção e o foco.

Desenvolvimento/observações
- Essa atividade vai ajudar o bebê a descontrair seu corpinho, assim como a posição de bruços. Ofereça o brinquedo uma vez de cada lado, para o bebê tentar cruzar o bracinho por cima do tronco.

Terça-feira

Material/ambiente
- Espelho, adornos.

Descrição
- Coloque o bebê em frente ao espelho; ele sorri com seu próprio reflexo. Brinque de fazer gestos com ele na frente do espelho e de usar adornos como chapéus, lenços e óculos de brinquedo.

Objetivos
- Estimular a socialização, a compreensão de ação e reação, a noção de segmentação corporal e a expressão facial.

Desenvolvimento/observações
- O bebê ainda não sabe que o reflexo é dele mesmo, ele pensa que é um outro bebê. Por isso vai ficar tão interessado e tão entretido com o espelho.

Quarta-feira

Material/ambiente
- Não há necessidade de materiais.

Descrição
- Bata palmas com o bebê, cantando parabéns.

Objetivos
- Estimular a coordenação motora, a imitação e o ritmo.

Desenvolvimento/observações
- Você pode, em um primeiro momento, segurar as mãozinhas do bebê e bater para ele ver. Depois, você só precisará realizar o movimento na frente dele para que ele tente imitar. Você pode cantar parabéns nessa brincadeira.

Quinta-feira

Material/ambiente
- Brinquedo com luz e/ou som.

Descrição
- O bebê se diverte com as luzes e o som de um brinquedo.

Objetivos
- Estimular a visão e a audição.

Desenvolvimento/observações
- Alguns brinquedos dão ao bebê a oportunidade de controlar os efeitos (som e luz) do que acontece. Isso é muito importante para o desenvolvimento da compreensão da relação de causa e efeito.

Sexta-feira

Material/ambiente
- Brinquedos leves.

Descrição
- Com o bebê deitado de barriguinha para cima, ofereça brinquedos na sua diagonal, acima da cabeça, para que ele tente alcançar com a mão oposta.

Objetivos
- Fortalecer a musculatura, estimular a coordenação motora e a locomoção.

Desenvolvimento/observações
- Nessa brincadeira, o bebê vai cruzar seu bracinho à frente e acima da cabeça. Muitas vezes, o resultado desse movimento é o bebê rolar!

Sábado

Material/ambiente
- Objeto que desperte o interesse do bebê.

Descrição
- Com seu bebê no colo virado para a frente, segure as suas perninhas e o tronco e coloque um objeto interessante à sua frente; o bebê vai se inclinar para tentar pegá-lo.

Objetivos
- Fortalecer a musculatura e estimular a coordenação motora.

Desenvolvimento/observações
- À medida que o bebê vai fortalecendo o tronco, segure mais embaixo, perto da barriga. Atenção! Não faça essa atividade logo após o bebê mamar, pois corre-se o risco de você apertar a barriguinha do bebê com a mão e ele colocar tudo para fora!

Domingo

Material/ambiente
- Calça com enchimento, brinquedos.

Descrição
- Você vai precisar de uma calça com enchimento. Pode ser uma calça antiga preenchida com espuma ou tecidos na parte dos quadris e das coxas, para ficar bem firme. Você pode colocar algumas figuras coladas ou bordadas para enfeitá-la, se preferir. Coloque o bebê sentado no centro, entre as pernas, com brinquedos ao seu redor. A calça também pode ser usada para o bebê brincar deitado, com o abdome sobre uma das pernas, com pernas e braços livres e com brinquedos à sua frente.

Objetivos
- Fortalecer a musculatura e estimular a coordenação motora.

Desenvolvimento/observações
- É importante que a calça esteja firme. Se for macia demais, o bebê vai afundar e não vai conseguir se movimentar direito.

SEXTO MÊS

Orientações gerais
- O tempo de duração das atividades pode chegar a 30 a 40 minutos. O tempo disponível e o interesse do bebê vão determinar a duração das brincadeiras.

Segunda-feira

Material/ambiente
- Fralda e brinquedos.

Descrição
- Brinque de esconder e achar com ele, tampando seu rosto com a fralda.

Objetivos
- Estimular a atenção.

Desenvolvimento/observações
- Você pode se esconder com uma fraldinha, você pode esconder o próprio bebê, você pode esconder um brinquedo ou então esconder uma outra pessoa para que vocês a procurem juntos. No início, a brincadeira deve acontecer com o bebê mais próximo do "escondido", aos poucos vocês vão evoluindo as distâncias e os esconderijos.

Terça-feira

Material/ambiente
- Não há necessidade de materiais.

Descrição
- Estimule o bebê a colocar os pés na boca.

Objetivos
- Estimular a coordenação motora e fortalecer a musculatura.

Desenvolvimento/observações
- Você já tentou realizar esse movimento? Tente e perceba o quanto os músculos abdominais trabalham! O corpinho do bebê também vai se fortalecer nessa atividade, além de estimular sua coordenação motora.

Quarta-feira

Material/ambiente
- No jardim, cobertor, tapetes com texturas diversas ou esteira de palha.

Descrição
- Forre a grama com um cobertor ou tapetinho e deixe seu bebê de bruços por um tempo, observando o jardim. Deite-o sobre diferentes texturas, como no tapete emborrachado, no tapete de banho com bolinhas, no tapete de tecido, na esteira de palha, de forma a realizar a estimulação tátil. Depois dos 8 a 9 meses podemos criar um circuito com rolos, travesseiros e esses tapetes, de forma a incentivá-lo a transpor os rolos e se arrastar sobre os tapetes.

Objetivos
- Fortalecer a musculatura, estimular a visão, a audição e a linguagem.

Desenvolvimento/observações
- Deite ao lado dele e mostre a grama, as formiguinhas, os passarinhos, as flores, as outras crianças, se houver alguma por perto. Conversem e cantem juntos, aproveitando um solzinho e sentindo a brisa.

Quinta-feira

Material/ambiente
- No banho, esponja, algodão, papel e outros materiais.

Descrição
- Leve diferentes materiais para o bebê explorar no banho. Alguns mudam bastante sua aparência e o seu peso quando ficam molhados. Deixe seu bebê explorar o ambiente e converse bastante com ele. Ofereça uma esponja macia e incentive-o a passá-la em algumas partes de seu corpo. É fácil para ele segurar a esponja e você pode aproveitar para ensinar diferentes partes de seu corpinho para ele.

Objetivos
- Estimular o tato, a coordenação motora e a linguagem.

Desenvolvimento/observações
- Essa atividade pode ser muito rica e deve se repetir mais vezes ao longo da semana. Converse com o seu bebê durante a exploração dos objetos, diga para ele que a esponja ficou mais pesada, que o algodão está molhado, que o papel está se despedaçando etc.

Sexta-feira

Material/ambiente
- Tapete, esteira de palha, plástico com bolhas ou outros materiais.

Descrição
- Coloque seu bebê sentado sobre diferentes texturas, como uma esteira de palha, tapete de banheiro ou plástico com bolhas, segurando-o sob as axilas e balançando-o lentamente para a direita e para a esquerda enquanto canta uma música.

Objetivos
- Estimular o equilíbrio, a audição e a linguagem.

Desenvolvimento/observações
- Por volta dos seis meses, alguns bebês já conseguem se sentar sozinhos, mas ainda apresentam bastante desequilíbrio. Essa atividade vai ajudá-los a exercitar essa postura com bastante segurança.

Sábado

Material/ambiente
- Papel.

Descrição
- Brinque de rasgar papel: qualquer papel macio. No início, você faz o rasgo inicial para ele, em um movimento com as duas mãos. Depois, incentive-o a rasgar o papel sozinho. Faça bolinhas com o papel picado e depois uma colagem.

Objetivos
- Estimular a coordenação motora.

Desenvolvimento/observações
- Parabenize-o todas as vezes que ele conseguir e estimule-o a ir até o fim da tarefa. A brincadeira trabalha a psicomotricidade, a função manual, a atenção e o foco.

Domingo

Material/ambiente
- Rolinho.

Descrição
- Coloque seu bebê de bruços em cima do rolinho. Segure nas suas perninhas e apoie seu tronco por baixo. "Empurre" o bebê para a frente e para trás bem devagar, para que ele consiga apoiar suas mãozinhas.

Objetivos
- Fortalecer a musculatura.

Desenvolvimento/observações
- O objetivo dessa atividade é fortalecer os bracinhos do bebê, preparando-o para as próximas fases do desenvolvimento da locomoção, que são arrastar e engatinhar. Não deixe o bebê ir muito para a frente para não forçar sua coluna; o rolinho deve ficar entre seu quadril e os ombros.

SÉTIMO MÊS

Orientações gerais
- O tempo de duração das atividades pode chegar a 30 a 60 minutos. O tempo disponível e o interesse do bebê vão determinar a duração das brincadeiras.

Segunda-feira

Material/ambiente
- Panelas, potes, colheres de pau (o legal aqui é fugir dos brinquedos convencionais!).

Descrição
- Ofereça vasilhames de plástico de diferentes tamanhos, com tampas e colheres, e brinque de guardar as colheres todas em um, de trocar para o outro, de tampar as vasilhas, de colocar uma dentro da outra! Use a criatividade! Os bebês adoram batucar e fazer barulho com panelas e colheres de pau.

Objetivos
- Estimular a audição e ensinar causa e efeito.

Desenvolvimento/observações
- Deixe seu bebê fazer bastante barulho nesta atividade. Varie os materiais que ele vai manusear para que ele perceba as diferenças entre os sons. Converse com ele e comente sobre essas diferenças. Criem uma música juntos e façam uma apresentação para o papai!

Terça-feira

Material/ambiente
- Brinquedinhos.

Descrição
- Coloque seu bebê de bruços e distribua objetos interessantes a meia distância. Apoie os pezinhos do bebê, dobrando as perninhas, e deixe que ele empurre suas mãos com os pés, esticando as pernas de forma a se impulsionar para a frente. Seu bebê vai adorar se movimentar (arrastar) para pegar os objetos. Após afastar o objeto uma vez, deixe que ele alcance e brinque um pouco antes de continuar a estimulá-lo.

Objetivos
* Fortalecer a musculatura e estimular a locomoção.

Desenvolvimento/observações
* Às vezes os bebês precisam de um empurrãozinho, literalmente! Ele vai adorar descobrir que o seu corpinho se desloca e aos poucos vai ficar cada vez mais forte, até que um dia vai conseguir realizar o movimento sozinho!

Quarta-feira

Material/ambiente
* Legumes cozidos.

Descrição
* Ofereça alguns legumes cozidos para o bebê manipular. Deixe que ele faça bagunça à vontade. Os bebês adoram mexer em tudo.

Objetivos
* Estimular o tato.

Desenvolvimento/observações
* Estimule o bebê a amassar os legumes, passá-los na mesa, em uma cartolina branca e no seu próprio corpinho (por que não na boca?). Deixe ele explorar essa atividade sem medo da sujeira. Preste atenção para que o bebê não leve um pedaço grande à boca!

Quinta-feira

Material/ambiente
* Livros, revistas, miniaturas de animais.*

---

* Você pode fazer alguns livros especiais com recortes de revistas e um álbum de *scrapbook* (há algumas opções nas papelarias) para seu filho.

Descrição
- Imite sons de diferentes animais e mostre miniaturas dos bichos, estimulando o bebê a identificá-los pelo nome e pelo som que fazem. Estimule-o a organizar os animais iguais em uma cerquinha, por exemplo, ou em uma fila, do menor para o maior. Depois, faça o mesmo com figuras em revistas e livros.

Objetivos
- Estimular a audição e a linguagem.

Desenvolvimento/observações
- É por meio dessas atividades que os bebês e as crianças aprendem as manipular os livros corretamente. Ajude seu bebê a virar as páginas delicadamente, para não rasgá-las.

Sexta-feira

Material/ambiente
- Caixas de papelão, revistas, impressos, palitos de picolé, cola (usar materiais atóxicos e seguros, próprios para bebê).

Descrição
- Monte fantoches com caixas de papelão, figuras recortadas de revistas ou impressas e palitos de sorvete. Conte histórias com os personagens.

Objetivos
- Estimular a linguagem, a visão e a audição.

Desenvolvimento/observações
- Os bebês adoram ouvir a mesma história várias vezes.

Sábado

Material/ambiente
- Copos de encaixe.

Descrição
- Com os copos de encaixe de diferentes tamanhos, faça o bebê bater um no outro para fazer música e retirar e encaixar de acordo com diferentes tamanhos. Faça pareamento de cores semelhantes, use o copo como se fosse beber água, mostrando várias formas de explorar o mesmo brinquedo.

Objetivos
- Estimular a coordenação motora, a abstração e a criatividade.

Desenvolvimento/observações
- É importante que o bebê brinque com um brinquedo por vez e que ele aprenda a usar os brinquedos de diferentes formas.

Domingo

Material/ambiente
- Na cama, brinquedinhos.

Descrição
- Coloque seu bebê sentado na cama (de preferência, de casal ou maior) e ofereça objetos interessantes para ele tentar alcançar a meia distância. Ele vai precisar alongar seu corpo e se equilibrar para pegar o objeto. Faça isso alternando as distâncias e as direções.

Objetivos
- Estimular o equilíbrio e a coordenação motora.

Desenvolvimento/observações

- Essa brincadeira deve ser feita na cama (e com muita segurança), pois existe a chance de o bebê se desequilibrar e cair. Se isso acontecer, faça festa e depois o coloque sentado novamente, para continuar a brincadeira.

OITAVO MÊS

Orientações gerais
- O tempo de duração das atividades pode chegar a 30 a 60 minutos. O tempo disponível e o interesse do bebê vão determinar a duração das brincadeiras.

Segunda-feira

Material/ambiente
- Caixa com brinquedos.

Descrição
- Deixe uma caixa de brinquedos bem grande e cheia para que o bebê escolha o que quiser. Organize os brinquedos e ofereça um por vez, ajudando o bebê a explorar cada brincadeira ao máximo, de forma organizada.
- Explore todas as funções de um brinquedo junto com o bebê, mostre para ele como apertar as teclas e virar páginas. Deixe que ele crie brincadeiras se mostrar interesse!

Objetivos
- Estimular a independência e a coordenação motora.

Desenvolvimento/observações
- Você vai perceber que o bebê adora tirar todos os brinquedos da caixa, mas ainda não gosta muito de colocá-los de volta. Aos poucos, ele vai se interessando por essa atividade também. Marque esse momento com uma música, como "pega aqui, pega lá, vamos cooperar. Os brinquedos na caixinha nós vamos guardar!".

Terça-feira

Material/ambiente
- Instrumentos de brinquedo ou potes de plástico, talheres, latas.

Descrição
- Dê ao bebê alguns brinquedos que façam barulho, como tambores, chocalhos e guizos. Cante com ele! Brinque de montar instrumentos musicais com material reciclado e ao final cante uma música com ele. Se houver amiguinhos por perto, uma bandinha poderá ser criada!

Objetivos
- Estimular o ritmo, a audição e a coordenação motora.

Desenvolvimento/observações
- Você já pode trabalhar alguns conceitos de musicalização com seu bebê, como som forte/fraco, som alto/baixo, som rápido/devagar e a hora do silêncio também!

Quarta-feira

Material/ambiente
- Brinquedos que simulem objetos reais, os objetos em si e figuras desses objetos.

Descrição
- Pegue brinquedos que simulem objetos reais, os objetos em si e figuras desses objetos. Por exemplo: uma banana de plástico, uma banana de verdade e um desenho de uma banana. Deixe que ele manipule todos eles. Fale um pouco sobre cada objeto.

Objetivos
- Estimular a criatividade, a cognição e a visão.

Desenvolvimento/observações
- Iniciará o aprendizado da criança no sentido de compreender os diversos símbolos da nossa cultura.

Quinta-feira

Material/ambiente
- Não há necessidade de materiais.

Descrição
- Cante músicas para seu bebê e faça pequenos gestos. Repita várias vezes por dia e peça para que ele imite o que ouve e vê.

Objetivos
- Estimular a audição e a coordenação motora.

Desenvolvimento/observações
- Você vai ficar surpresa com a rapidez com que o seu bebê vai aprender os gestos! Lembre-se de repetir as músicas preferidas deles, os bebês adoram repetição!

Sexta-feira

Material/ambiente
- Livros.

Descrição
- Ao ler um livro, mostre todas as figuras de cada página para seu bebê e depois peça para ele mostrar onde estão esses objetos. Pergunte: onde está a flor? Onde está o cachorro? Se ele não responder, mostre!

Objetivos
- Estimular a linguagem e a atenção.

Desenvolvimento/observações
- Nessa brincadeira, vamos estimular a atenção e a concentração do bebê, assim como seu vocabulário.

Sábado

Material/ambiente
- Objetos para proteção, como colchão, tapete de proteção e almofadas.

Descrição
- Deixe o bebê tentar escalar seu corpo. Ele pode apoiar com as mãos e tentar levantar, subir em suas costas e na sua barriga. Sorria e valorize o esforço dele.

Objetivos
- Fortalecer a musculatura e estimular a locomoção.

Desenvolvimento/observações
- O adulto pode fazer a atividade primeiro deitado e depois sentado, sempre com uma proteção contra traumas, como o tapete de proteção embaixo. Cuidado para o bebê não cair. Comece com uma inclinação leve e vá aumentando aos poucos, até achar a altura ideal.

Domingo

Material/ambiente
- Bambolê e fitas coloridas.

Descrição
- Coloque seu bebê sentado com um bambolê logo à frente dele. Amarre fitas coloridas com diferentes texturas no bambolê, para ele pegar e sentir com as mãos. Gire o bambolê para que ele tente alcançar a uma meia distância, variando as alturas e as direções.

Objetivos
- Estimular o equilíbrio e a coordenação motora.

Desenvolvimento/observações
- A ideia é estimular o equilíbrio do bebê enquanto estiver movimentando seu tronco na posição sentada. É importante incentivar movimentos em que ocorra a rotação do tronco para ambos os lados. Também trabalha o tato e a visão.

NONO MÊS

Orientações gerais
- O tempo de duração das atividades pode chegar a 40 a 60 minutos. O tempo disponível e o interesse do bebê vão determinar a duração das brincadeiras.

Segunda-feira

Material/ambiente
- Brinquedos coloridos com formas diversas para encaixar.

Descrição
- Use os brinquedos para apresentar ao seu bebê as cores. Estimule-o a fazer encaixes simples, como com círculos, triângulos, quadrados. Utilize brinquedos de madeira, com cores diversas. Você pode incentivá-lo a começar a colocar argolas grandes em uma haste, de acordo com o tamanho.

Objetivos
- Estimular a linguagem e a visão.

Desenvolvimento/observações
- Ao longo do dia, dê todo tipo de informação para o seu bebê a respeito de cores, tamanhos, formas, utilização, tipo de material etc.

Terça-feira

Material/ambiente
- Bolas de vários tamanhos.

Descrição
- Brinque de bola com ele. Role a bola para que ele tente pegá-la. Mostre que objetos quadrados e circulares não rolam com a mesma facilidade.

Objetivos
- Estimular a coordenação motora.

Desenvolvimento/observações
- Aos poucos, os bebês vão entendendo como os objetos se comportam em determinadas situações. Para nós, adultos, é óbvio que a bola vai rolar, mas para os bebês essa é uma deliciosa descoberta.

Quarta-feira

Material/ambiente
- Espuma, algodão, lixa, talheres, brinquedos de borracha, tapete dos sentidos.*

Descrição
- Ofereça ao bebê objetos de texturas diferentes para que ele toque, como espuma, madeira, toalha, metal, borracha etc. Explique para ele o nome de cada textura e nomeie a sensação que ele está tendo.

Objetivos
- Estimular o tato e a linguagem.

Desenvolvimento/observações
- Deixe o bebê livre para explorar os materiais, mas preste atenção para ele não os leve à boca. Faça comparações para que ele identifique essas texturas em outros momentos do seu dia a dia.

Quinta-feira

Material/ambiente
- Brinquedinhos de areia.

---

* Faça um tapete dos sentidos para o seu bebê unindo duas ou três cartolinas em sequência e colando materiais diversos, formando um "caminho" com algodão, grãos, lixa, borracha etc.

Descrição
- Leve seu bebê para brincar na areia. Observe sua reação ao tocar nos materiais e descreva para ele o que está acontecendo. Brinque junto para que ele perceba que é legal e que você o apoia.

Objetivos
- Estimular o tato e a coordenação motora.

Desenvolvimento/observações
- O bebê precisa ter contato com ambientes diferentes para aprender mais sobre o mundo e sobre ele mesmo. É interessante ver como alguns bebês sentem agonia ao pisar na grama ou na areia. Se isso acontecer, não se preocupe, é normal. Aos poucos, essa sensação vai sumindo.

Sexta-feira

Material/ambiente
- Tapete de borracha de aproximadamente 4 m^2, brinquedos diversos.

Descrição
- Nessa fase, o bebê deve ser estimulado com brincadeiras em que ele fique de bruços e tente se deslocar nessa posição, a fim de estimular o engatinhar. Deite-se com ele no chão, para que se arraste buscando brinquedos, e faça circuitos com obstáculos para que ele obrigatoriamente necessite permanecer na posição de quatro apoios ("gatinho"). Crie um cantinho na sua casa para ele brincar à vontade e em segurança. Forre o chão com um tapete de borracha e disponibilize um brinquedo de cada vez para ele explorar. Faça rodízio dos brinquedos e estimule o bebê a escolher o que deseja.

Objetivos
- Estimular a locomoção, a coordenação motora e a independência e fortalecer a musculatura.

Desenvolvimento/observações
- Essa posição deve ser mais frequente do que a posição sentada!

Sábado

Material/ambiente
- Calça com espuma, brinquedos.

Descrição
- Coloque o bebê de bruços na perna da calça, na posição de quatro apoios ("gatinho"), com os brinquedos ao seu alcance para que ele brinque nessa posição. Repita essa atividade várias vezes por dia.

Objetivos
- Fortalecer a musculatura e estimular a locomoção.

Desenvolvimento/observações
- Aos pouquinhos, o bebê vai começar a elevar o quadril, se preparando para engatinhar.

Domingo

Material/ambiente
- Não há necessidade de materiais.

Descrição
- Cante, faça gestos e sons de animais para seu bebê e peça a ele que imite. Aos poucos, peça para ele completar a música na parte do barulho do cachorro, por exemplo.

Objetivos
- Estimular a audição e a linguagem.

Desenvolvimento/observações

- Os bebês adoram completar nossas musiquinhas. Eles adoram quando cantamos as mesmas músicas repetidas vezes, pois podem prever o que vai acontecer. Repita quantas vezes seu bebê quiser e enquanto a brincadeira estiver divertida!

DÉCIMO MÊS

Orientações gerais
- O tempo de duração das atividades pode chegar a 60 minutos ou mais. O tempo disponível e o interesse do bebê vão determinar a duração das brincadeiras.

Segunda-feira

Material/ambiente
- Almofadas, encosto do sofá, colchão.

Descrição
- Quando os bebês aprendem a engatinhar, o chão se torna o local preferido deles. Aproveite essa fase e faça um circuito para seu bebê explorar com as almofadas e móveis da sala. Atenção à segurança durante a brincadeira.

Objetivos
- Estimular a locomoção e o equilíbrio e fortalecer a musculatura.

Desenvolvimento/observações
- Distribua algumas almofadas no chão; os colchões também são sempre uma ótima pedida. Alterne a altura e a densidade dos materiais para que formem "obstáculos" para seu bebê passar por cima engatinhando.

Terça-feira

Material/ambiente
- Sofá e brinquedos.

Descrição
- Nessa fase, alguns bebês vão começar a ficar em pé. Para aproveitar isso, deixe seu bebê se movimentar apoiando suas mãozinhas no sofá ou na mesa de centro. Coloque um brinquedo distante para que ele busque. Você pode colocar um colchão fino para que ele passe por cima durante essa trajetória ou então alguns brinquedos para que ele tenha que desviar.

- Estimule o bebê a ficar em pé sozinho, com apoio. Coloque em cima de uma cadeira firme ou de um sofá brinquedos que sejam do interesse dele e incentive-o a ficar em pé a fim de alcançar o brinquedo.

Objetivos
- Estimular a locomoção e o equilíbrio e fortalecer a musculatura.

Desenvolvimento/observações
- Atenção: acompanhe seu bebê durante toda a brincadeira. Ele pode se cansar e resolver se sentar a qualquer momento. Esteja atenta para evitar acidentes nas quinas!

Quarta-feira

Material/ambiente
- Paninho, objetos diversos.

Descrição
- Brinque de esconder e achar. Comece estimulando o bebê a encontrar objetos escondidos, tapando o seu rosto com o pano e ajudando-o a puxá-lo. Depois, cubra objetos e deixe uma ponta como "pista" para ele compreender que o objeto continua ali. Depois esconda o objeto totalmente para ele descobrir, podendo até colocar um obstáculo na frente para ele organizar a tarefa de encontrar o objeto.

Objetivos
- Estimular a atenção e a concentração.

Desenvolvimento/observações
- Você pode explorar os ambientes da casa nessa brincadeira: seu quarto, o quarto do bebê, a sala e o jardim, por exemplo. Lembre-se de nunca perder seu bebê de vista. O ideal é que tenha mais alguém com vocês para incrementar a brincadeira.

Quinta-feira

Material/ambiente
- Brinquedos.

Descrição
- Peça para o bebê pegar um brinquedo e trazer até você. Você pode incrementar a brincadeira dizendo algumas características do brinquedo, por exemplo, "pegue a bola azul, por favor".

Objetivos
- Estimular a linguagem.

Desenvolvimento/observações
- Nesse momento, não se preocupe se o bebê trouxer uma cor diferente da que você pediu. Lembre-se, o aprendizado é um processo.
- Caso ele não pegue a cor que você pediu, diga então qual foi a cor que ele pegou e repita o comando. Se necessário, mostre a bola que você quer que ele busque.

Sexta-feira

Material/ambiente
- No banho, copinhos, potes e outros recipientes para encher de água.

Descrição
- No banho, leve copinhos plásticos com furos, como se fossem peneiras, para o bebê encher e derramar a água. Vá ensinando os conceitos de cheio e vazio. Você pode derramar a água na mão, no pé, na barriga dele, bem devagarzinho.

Objetivos
- Estimular a linguagem e a coordenação motora.

Desenvolvimento/observações
- Além de ensinar conceitos para o seu bebê, essa brincadeira contribui também para a adaptação ao meio líquido.

Sábado

Material/ambiente
- Almofadas, colchão, bola.

Descrição
- Seu bebê adora jogar as coisas no chão para você buscar. Explore essa fase criando brincadeiras com esse conceito. Monte um morro de almofadas e use-o para rolar a bola. Primeiro com o bebê em cima da montanha, rolando a bola para você e depois embaixo. Ele vai adorar tentar pegar a bola!

Objetivos
- Estimular a coordenação motora e ensinar causa e efeito.

Desenvolvimento/observações
- Acrescente conceitos como: cair, subir/descer, em cima/embaixo.

Domingo

Material/ambiente
- Degrau.

Descrição
- Ajude o bebê a descer de um degrau baixo. Ele deve estar deitado, arrastando para trás, primeiro com apoio dos pés e depois descendo o corpo devagar.

Objetivos
- Fortalecer a musculatura, estimular a coordenação motora e a locomoção.

Desenvolvimento/observações
- Atenção: acompanhe seu bebê durante toda a brincadeira.

DÉCIMO PRIMEIRO MÊS

Orientações gerais
- O tempo de duração das atividades pode chegar a 60 minutos ou mais. O tempo disponível e o interesse do bebê vão determinar a duração das brincadeiras.

Segunda-feira

Material/ambiente
- Cubos de plástico ou borracha.

Descrição
- Brinque com cubos grandes e pequenos para que o bebê possa encaixar e empilhar.

Objetivos
- Estimular a coordenação motora.

Desenvolvimento/observações
- Essa tarefa parece ser muito fácil, mas os bebês ainda têm dificuldade de empilhar nessa fase. A tendência é fazer o que eles mais gostam: derrubar tudo. Se seu bebê fizer isso, não o repreenda, diga que você quer fazer outra torre e peça ajuda para ele. Aos poucos, ele vai começar a se interessar por essa atividade.

Terça-feira

Material/ambiente
- Objetos diversos.

Descrição
- Espalhe objetos pelo chão e peça ao bebê que vá pegá-los caminhando. Diga que você vai ajudá-lo e que ele vai conseguir. Alguns bebês preferem brincar engatinhando porque estão na sua zona de segurança e podem ficar resistentes a outras formas de locomoção no começo.

Objetivos
- Estimular a locomoção.

Desenvolvimento/observações
- Evite segurar o bebê pelas mãozinhas quando ele quiser caminhar. Essa não é uma postura adequada para o bebê aprender a andar. Em vez disso, segure no tronco dele e deixa que suas mãozinhas fiquem livres para que ele trabalhe seu equilíbrio e manipule os objetos de sua preferência.

Quarta-feira

Material/ambiente
- Brinquedos de tamanhos variados.

Descrição
- Espalhe brinquedos no chão, colocando um pequeno e um grande. Fale sobre o tamanho deles: "esse é pequeno, esse é grande".

Objetivos
- Estimular a linguagem.

Desenvolvimento/observações
- Deixe o bebê descobrir semelhanças e diferenças entre os brinquedos. Você também pode classificá-los pelo tipo de material e formato.

Quinta-feira

Material/ambiente
- Não há necessidade de materiais.

Descrição
- Conte diferentes tipos de história, para ampliar o vocabulário.

Objetivos
- Estimular a linguagem e a audição.

Desenvolvimento/observações
- Dê um passeio com seu bebê pela casa ou pelo jardim. Invente histórias sobre a formiguinha, o Sol, a janela... Explore novas palavras e veja como o seu bebê vai aprender rápido.

Sexta-feira

Material/ambiente
- Sofá.*

Descrição
- O uso do "andajá" foi proibido. Existem outras formas de estimular o bebê a caminhar com segurança. Colocá-lo em uma ponta do sofá com brinquedos na outra extremidade, quando ele já for capaz de passar para de pé com apoio sozinho e ficar seguro em pé com as mãos apoiadas e chamá-lo com carinho e sorriso de forma alegre.

Objetivos
- Estimular a locomoção e o equilíbrio.

Desenvolvimento/observações
- Atenção: o bebê precisa de supervisão constante nessa atividade!

Sábado

Material/ambiente
- Massinha caseira (receita no anexo no final deste capítulo).

Descrição
- Faça uma massinha caseira nas cores favoritas do seu bebê e deixe--o explorá-la livremente. Com a receita caseira você pode colorir a

---
* Você também pode realizar essa atividade colocando o bebê para empurrar seu próprio carrinho de passeio segurando-o para evitar quedas.

massinha com gelatina, sem risco de toxicidade se ele levá-la à boca. Esqueça as modelagens tradicionais, como "bolinha" e "cobrinha". Veja o que o seu bebê conseguirá fazer, descubra suas habilidades. Em um primeiro momento, ele vai ficar apenas amassando e despedaçando a massinha.

Objetivos
- Estimular a coordenação motora e a concentração.

Desenvolvimento/observações
- Mesmo sendo uma massinha caseira, com materiais comestíveis, é importante orientar o bebê a não colocá-la na boca. É claro que ele vai fazer isso (por isso são usados materiais comestíveis), mas, no decorrer da atividade e nas próximas vezes que você fizer, repita quantas vezes for necessário que ele não pode colocar na boca. Ao dar esse comando, diga ao bebê o que ele pode fazer em seguida, por exemplo: "na boca, não, coloque a massinha aqui no chão, na mesa ou no pezinho".

Domingo

Material/ambiente
- Álbum de fotos.

Descrição
- Faça um álbum com fotos dos familiares do bebê e mostre pra ele apresentando cada membro da família. Conte um pouco sobre cada pessoa. Mostre também fotos do bebê na sua rotina diária: tomando banho, se alimentando, brincando no parquinho etc.

Objetivos
- Estimular a linguagem.

Desenvolvimento/observações
- Utilize essa atividade para reforçar os comportamentos positivos do bebê, por exemplo: experimentar novos alimentos, ajudar a guardar os brinquedos, tomar banho feliz etc. Não coloque fotos de momentos ou comportamentos inadequados da criança.

Anexo

Receita de massinha caseira

Você precisará de:
- 2 copos de farinha de trigo
- 1 colher de chá de óleo
- 1 copo de água
- 1/2 copo de sal
- Frascos de cores sortidas de corante alimentício

Como fazer:
- Em um grande recipiente, misture bem todos os ingredientes secos. Quando estiverem bem misturados, adicione a água aos poucos e amasse bem. Agora é a vez do óleo. Misture tudo. Divida a massa de acordo com a quantidade de cores que deseja fazer. Em cada parte da massa, pingue gotas do corante até atingir a cor desejada. Misture bem para a cor ficar homogênea.
- Conserve a massa em um recipiente tampado ou dentro de um plástico.

Divirtam-se!

DÉCIMO SEGUNDO MÊS

Orientações gerais
- O tempo de duração das atividades pode chegar a mais de 60 minutos. O tempo disponível e o interesse do bebê vão determinar a duração das brincadeiras.

Segunda-feira

Material/ambiente
- Brinquedos sonoros.

Descrição
- Faça um som com um brinquedo e peça para a criança imitá-lo ou siga o que a criança fizer. Peça para ele lhe dar o brinquedo com gestos e frases. Incentive-o a se comunicar com gestos e palavras. Se ele emitir algum som, tente contextualizá-lo, por exemplo, se ele falar "uuu", você fala "Quer ver a lua? Olha a lua".

Objetivos
- Estimular a audição e a coordenação motora.

Desenvolvimento/observações
- Esse processo de cada um ter a sua vez é excelente para o bebê entender a dinâmica dos diálogos. Você pode e deve realizar essa atividade ao longo de todo o dia.

Terça-feira

Material/ambiente
- Pote grande e brinquedos menores ou biscoitos, com supervisão.

Descrição
- Coloque brinquedos dentro de um pote grande para que ele tente abrir o pote e pegá-los.

Objetivos
- Estimular a coordenação motora.

Desenvolvimento/observações
- Oferecer comandos diferentes pro bebê, como: colocar dentro do pote, retirar, colocar só três brinquedos, retirar só os azuis etc.

Quarta-feira

Material/ambiente
- Livros e revistas.

Descrição
- Mostre livros e revistas para que o bebê identifique objetos, animais e partes do corpo. Depois de identificar as figuras, estimule-o a picotar as páginas da revista.

Objetivos
- Estimular a linguagem e a coordenação motora.

Desenvolvimento/observações
- Os bebês adoram picar papel! Dê essa oportunidade para ele fazer isso com você em um momento calmo e tranquilo, no qual ele poderá fazer bastante sujeira, à vontade.

Quinta-feira

Material/ambiente
- Brinquedo de ação e reação.

Descrição
- Deixe o bebê brincar com um brinquedo de forma independente. Esteja lá para ajudar caso ele precise de você e ofereça motivação: "Você consegue, vamos lá!". Comemore quando ele conseguir cumprir o objetivo do brinquedo.

Objetivos
- Estimular a independência.

Desenvolvimento/observações
- O bebê precisa aprender a brincar sozinho. No começo, você se senta com ele e fica observando, aos poucos se afasta e deixa o pequeno brincando sozinho. Mas nunca o perca de vista!

Sexta-feira

Material/ambiente
- Bambolê ou cabo de vassoura, bola.

Descrição
- Quando o bebê já for capaz de passar para de pé e trocar passos com apoio, fique por trás dele e coloque um bambolê. Deixe que ele segure/se apoie no bambolê e caminhe livremente pelo ambiente. Você pode cantar a música do ônibus! Coloque-o em pé apoiado de costas na parede e brinque de jogar bola, caso ainda não saiba andar sem apoio.

Objetivos
- Estimular a locomoção e o equilíbrio.

Desenvolvimento/observações
- Estimule seu bebê a andar só. Por volta dos 12 meses, grande parte dos bebês já consegue realizar a caminhada. Fique pertinho e chame o bebê na sua direção. Quando ele chegar, dê um grande abraço nele e faça uma grande festa por ele ter conseguido. Aos poucos, você vai aumentando a distância.

Sábado

Material/ambiente
- Papel, giz de cera, tinta atóxica própria para bebê, pincéis.

Descrição
- Ofereça papel e giz de cera grosso para seu bebê explorar. Conforme for, evolua para a tinta. Ele pode pintar com e sem o pincel. De preferência sem, no início.
- Tinta a dedo pode ser usada bem antes, para pintar com as mãos.

Objetivos
- Estimular a coordenação motora, a criatividade e o tato.

Desenvolvimento/observações
- O importante nessa brincadeira é deixar o bebê explorar os materiais sem ficar preocupado com o resultado (desenho) final. Ele ainda não sabe que o material serve para pintar/desenhar, ele vai descobrir isso aos poucos, à medida que for entendendo a relação de causa e efeito dos materiais no papel.

Domingo

Material/ambiente
- Parquinho.

Descrição
- Seu bebê vai adorar explorar o parquinho. Sempre que possível, leve-o para brincar ao ar livre e para ter contato com outras crianças.

Objetivos
- Estimular a socialização, a linguagem e o equilíbrio.

Desenvolvimento/observações
- Os bebês adoram ficar perto e observar outras crianças, principalmente se forem mais velhas. Aproveite a curiosidade natural do seu bebê por elas e deixe que eles entrem em contato no parquinho e na brinquedoteca. Incentive seu bebê a partilhar o brinquedo, a jogar a bola e a perguntar o nome do novo coleguinha, por exemplo.

CONCLUSÃO

Às vezes ficamos mais empolgados com um brinquedo novo do que as crianças. Isso já aconteceu com você?

Atenção para que você não reprima a criatividade e a espontaneidade do seu bebê quando ele ganhar um brinquedo novo ou estiver explorando um objeto que lhe seja interessante. Se a segurança física ou emocional dele não estiver correndo riscos, deixe-o explorar o brinquedo da forma que quiser, sem certo ou errado. Ele deve explorar sua criatividade!

Observação: todas as dicas devem ser aproveitadas em momentos prazerosos, em que você e o seu bebê estiverem bem, dispostos e alegres. Quando a noite tiver sido difícil, quando o bebê estiver com cólicas ou durante o nascimento dos dentes, enfim, se um de vocês não estiver bem, não faça essas atividades com ele. Nesses dias, o melhor é curtir o ócio criativo e o descanso.

O futuro de cada criança é determinado por sua herança genética e moldado pelo ambiente, o que inclui a nutrição e os tipos de estímulos que recebe. As pesquisas demonstram que o cérebro pode ser moldado o tempo todo durante as atividades de estimulação oferecidas com vínculo, alegria e dedicação dos pais, familiares e cuidadores. As crianças que brincam são mais felizes, inteligentes e bem-sucedidas na vida. Cabe aos pais, familiares e cuidadores aproveitar o ambiente para promover adultos saudáveis e felizes. A presença e a participação com afeto e amor fazem toda a diferença.

Então, vamos à brincadeira!

REFERÊNCIAS BIBLIOGRÁFICAS

Araújo LA, Mendes FA, et al. O papel do pediatra na prevenção do estresse tóxico na infância. In: Sociedade Brasileira de Pediatria. Manual de orientação do Departamento Científico de Pediatria do Desenvolvimento da Sociedade Brasileira de Pediatria. Rio de Janeiro: SBP; 2017.

Bodrova E, Germeroth C, Leong DJ. Brincadeira e auto-regulação: lições de Vygotsky. Sou J Play. 2013;6(1):111-23.

Brasil. Ministério da Educação. Secretaria de Educação Básica. Brinquedos e brincadeiras de creches – manual de orientação pedagógica. Brasília: MEC/SEB; 2012.

Fisher KR, Hirsh-Pasek K, Golinkoff RM, Gryfe SG. Conceptual split? Parents and experts perceptions of play in the 21st century. J Appl Dev Psychol. 2008;29:305-16.

Hassinger-Das B, Toub TS, Zosh JM, Michnick J, Golinkoff R, Hirsh-Pasek K. More than just fun: a place for games in joyful learning. J Study Educ Dev. 2017;40(2):191-218.

Pelligrini AD, Holmes RM. The role of recess in primary school. In: Singer D, Golinkoff R, Hirsh-Pasek K (eds.). Play = learning: How play motivates and enhances children's cognitive and socio-emotional growth. New York: Oxford University Press; 2006.

Regina MM, Kenneth RG, Council on Communications and Media Committee on Psychosocial Aspects of Child and Family Health, Deborah AM. The importance of play in promoting healthy child development and maintaining strong parent-child bond: Focus on children in poverty. Pediatrics. 2012;129(1):e204-13.

Walker SP, Chang SM, Vera-Hernández M, Grantham-McGregor S. Early childhood stimulation benefits adult competence and reduces violent behavior. Pediatrics. 2011;127(5):849-57.

Weisberg DS, Hirsh-Pasek K, Golinkoff RM, Kittredge AK, Klahr D. Guided play: principles and practices. Curr Dir Psychol Sci. 2016;25(3):177-82.

Yogman M, Garner A, Hutchinson J, Hirsh-Pasek K, Golinkoff RM, Committee on Psychosocial Aspects of Child and Family Health, Council on Communications and Media. The power of play: a pediatric role in enhancing development in young children. Pediatrics. 2018;142(3):pii:e20182058.

Zelazo PD, Blair CB, Willoughby MT. Executive function: Implications for education (NCER 2017-2000). Washington, DC: National Center for Education Research, Institute of Education Sciences; 2017. Disponível em: https://ies.ed.gov/ncer/pubs/20172000/pdf/20172000.pdf. Acesso em: fev. 2019.